# BEI GRIN MACHT SICH IHR WISSEN BEZAHLT

AF151529

- Wir veröffentlichen Ihre Hausarbeit, Bachelor- und Masterarbeit

- Ihr eigenes eBook und Buch - weltweit in allen wichtigen Shops

- Verdienen Sie an jedem Verkauf

## Jetzt bei www.GRIN.com hochladen und kostenlos publizieren

**Bibliografische Information der Deutschen Nationalbibliothek:**

Die Deutsche Bibliothek verzeichnet diese Publikation in der Deutschen National-
bibliografie; detaillierte bibliografische Daten sind im Internet über http://dnb.d-
nb.de/ abrufbar.

Dieses Werk sowie alle darin enthaltenen einzelnen Beiträge und Abbildungen
sind urheberrechtlich geschützt. Jede Verwertung, die nicht ausdrücklich vom
Urheberrechtsschutz zugelassen ist, bedarf der vorherigen Zustimmung des Verla-
ges. Das gilt insbesondere für Vervielfältigungen, Bearbeitungen, Übersetzungen,
Mikroverfilmungen, Auswertungen durch Datenbanken und für die Einspeicherung
und Verarbeitung in elektronische Systeme. Alle Rechte, auch die des auszugsweisen
Nachdrucks, der fotomechanischen Wiedergabe (einschließlich Mikrokopie) sowie
der Auswertung durch Datenbanken oder ähnliche Einrichtungen, vorbehalten.

**Impressum:**

Copyright © 2015 GRIN Verlag, Open Publishing GmbH
Druck und Bindung: Books on Demand GmbH, Norderstedt Germany
ISBN: 978-3-668-15689-0

**Dieses Buch bei GRIN:**

http://www.grin.com/de/e-book/315770/multiculturalism-in-quebec-die-besonder-
heiten-der-provinz

**Kay-Christina Möller**

# Multiculturalism in Quebec. Die Besonderheiten der Provinz

GRIN Verlag

**GRIN - Your knowledge has value**

Der GRIN Verlag publiziert seit 1998 wissenschaftliche Arbeiten von Studenten, Hochschullehrern und anderen Akademikern als eBook und gedrucktes Buch. Die Verlagswebsite www.grin.com ist die ideale Plattform zur Veröffentlichung von Hausarbeiten, Abschlussarbeiten, wissenschaftlichen Aufsätzen, Dissertationen und Fachbüchern.

**Besuchen Sie uns im Internet:**

http://www.grin.com/

http://www.facebook.com/grincom

http://www.twitter.com/grin_com

# Deutsches Gymnasium für Nordschleswig

Studienrichtungsaufgabe 2g, Mai 2015

„Multiculturalism in Quebec"

**Name:** Kay-Christina Möller

**Klasse:** 2c

**Aufgabenformulierung:**

<u>Teilaufgabe a:</u> Beschreibe kurz die Besonderheiten der Provinz Québec im Vergleich zu anderen kanadischen Provinzen.

<u>Teilaufgabe b:</u> Analysiere und interpretiere einen längeren literarischen englischen Text (oder zwei kürzere englische Texte) sowieso einen kürzeren französischen literarischen Text in Hinblick auf die Bedeutung und Darstellung der kanadischen Identität.

<u>Teilaufgabe c:</u> Kommentiere die Darstellung der frankophonen und anglophonen Aspekte der kanadischen Identität und die Bedeutung der Zweisprachigkeit für die Identität der Einwohner Quebécs bzw. Montreal.

**Fächerkombination:** Französisch A, Englisch B

# Abstract

This present paper (SRA) examines the specialities of the Canadian province Québec, which is especially outstanding in comparison with other provinces. The paper particularly deals with the Canadian identity. For a better understanding the short story"North" by Clark Blaise and the poem "Interdire la langue française au Québec " by Félix Leclerc are examined regarding the meaning and presentation of the francophone and anglophone Canadian identity. This approach clarifies how deeply rooted the conflict between the two cultures is. However, it also becomes clear, that the conflicts nowadays are politically motivated und the people have a quite good relationship with the multicultural society they live in.

# Inhaltsverzeichnis

# Einleitung

In Verbindung mit unserer einmonatigen Studienfahrt nach Kanada, hat unsere Klasse eine Aufgabe bekommen, in der wir näher auf die Multikulturalität und Zweisprachigkeit in der Provinz Quebec eingehen sollen. Meine Klassenkameraden und ich waren während der Zeit in Kanada in Gastfamilien untergebracht, was uns ermöglicht hat, die Kanadische Identität und das spannende Leben der Zweisprachigkeit selbst mitzuerleben. In der ersten Teilaufgabe werde ich auf die Besonderheiten der Provinz Quebec im Vergleich zu den anderen Provinzen eingehen. Die zweite Teilaufgabe beschäftigt sich mit dem Analysieren und Interpretieren des englischen Textes „North" von Clark Blaise, sowieso mit dem Analysieren und Interpretieren des 1987 herausgegebenen französischen Gedichts: „Interdire la langue française au Québec" von Felix Leclerc, im Hinblick auf die Bedeutung und die Darstellung der kanadischen Identität. Die dritte und letzte Teilaufgabe beschäftigt sich mit den Frankophonen und Anglophonen Aspekten der kanadischen Identität, sowieso mit der Bedeutung der Zweisprachigkeit für die Identität der Einwohner Quebécs bzw. Montreals.

## Die Besonderheiten der Provinz Quebec

Kanada ist mit 10 Mio. Einwohnern das zweitgrößte Land der Welt, und die Einwohner kommen aus allen Teilen der Erde. Die offiziellen Sprachen sind Französisch und Englisch. Im Osten liegt Kanadas größte Provinz, Quebec. Nicht nur durch die Gesamtfläche von mehr als 1,5 Millionen km² hebt sich die Provinz hervor, sondern auch durch ihre frankophone Kultur. Mehr als 7,5 Millionen „Québécois" (Einwohner Quebecs) leben dort und machen die Provinz zu der einzigen Provinz mit französischsprachiger Mehrheit.1 Nirgendwo ist die Region so Französisch wie in Quebec, man findet hier sogar Schlachtrufe von Separatisten für „ein freies Quebec" oder „ein eigener Staat". Die eigene Fahne gibt es auch, geziert von französischen Lilien.

Mit der Ankunft Samuel Champlains und der Gründung der Stadt Quebec im Jahre 1608 beginnt die Besiedlung Kanadas durch die Franzosen, deren Anzahl zwei Jahrhunderte später bereits 10000 beträgt.2 Vor allem die Frauen tragen dazu bei, dass Französisch als Sprache verbreitet wird. Zum einen durch die Weitergabe ihres Wissens an ihre Familien, zum anderen

---

1 http://de.wikipedia.org/wiki/Kanada
2 http://www.wienerzeitung.at/nachrichten/archiv/210646_Kanada-Kultivierte-Wildnis.html, http://de.wikipedia.org/wiki/Neufrankreich

durch den Aufbau von Bildung. Marguerite Bourgeoys eröffnete 1658 die erste Schule in Montreal.3 Die frankophonen Einwohner Quebecs sehen sich als eine eigenständige Gesellschaft und wollen sogar unabhängig von Kanada sein. In den letzten 30 Jahren gab es zwei Aufstände und 1995 eine Völkerabstimmung, dessen Ergebnis mit 50,58% Nein-Stimmen und 49,42% Ja-Stimmen sehr knapp ausfiel.4 Quebecs 1791 ins Leben gerufene Parlament ist eines der ältesten der Welt. Die Gesetzgebung liegt hier in den Händen der Nationalversammlung, die sich wiederum aus 125 Abgeordneten zusammensetzt.5 Eine Besonderheit stellt auch das Quebecer Rechtssystem dar. In Québec regelt der „Code civil" französischen Ursprungs das Zivilrecht, während das Zivilrecht in den anderen kanadischen Provinzen dem «Common Law» britischen Ursprungs folgt. Zu den auffälligsten Besonderheiten Québecs gehört jedoch die Sprache. Die Quebecer Gesellschaft ist mehrheitlich französischsprachig und 1974 erklärte eine Nationalversammlung Französisch zur Amtssprache. Das Québécois, welches dort gesprochen wird und zugleich seinen Ursprung findet, ist eine Mischung aus Altfranzösisch, aktuellem Französisch, amerikanischem Englisch und Neologismen. Außerdem hat Quebec laut OECD weltweit eine der höchsten Quoten in Bildungsabschlüssen.6 Anders als in anderen Provinzen war das Bildungssystem in Québec stark von der katholischen Kirche beeinflusst. Kanada gehört zu den führenden Wirtschaftsländern und allein das Nordamerikanische Freihandelsabkommen (NAFTA) zwischen den USA, Kanada und Mexiko ermöglicht Quebec somit einen Zugang zu einem Markt mit 130 Millionen Verbrauchern. Wichtige Branchen in Québec sind die Luft und Raumfahrtindustrie, Informationstechnologien, die Biopharmazie (42 % der Arbeitsplätze im Pharmabereich befinden sich in Québec) und die Agro- und Ernährungsindustrie.7 Außerdem verfügt Québec über die drittgrößten Süßwasserreserven der Welt.8

Da immer mehr Englisch-sprechende Einwanderer nach Quebec kommen wurde irgendwann nur noch auf Englisch kommuniziert, auch in den wichtigsten Branchen, diese wurden nämlich von englischsprachigen Unternehmen geführt. Die Nichtbeherrschung der Fremdsprache Englisch kann mittlerweile also zum völligen Ausschluss führen. Die frankophonen Unternehmer konnten nicht mehr aktiv an wichtigen Entscheidungen

---

[3] http://de.wikipedia.org/wiki/Margareta_Bourgeoys
[4] http://de.wikipedia.org/wiki/Québec-Referendum_1995
[5] http://de.wikipedia.org/wiki/Nationalversammlung_von_Québec
[6] http://www.wiwo.de/erfolg/campus-mba/oecd-bildungsstudie-die-laender-mit-der-hoechsten-akademikerquote/10702910.html?slp=false&p=9&a=false#image
[7] http://www.investquebec.com/international/en/industries.html, http://www.uni-protokolle.de/Lexikon/Qu%E9bec_(Provinz).html
[8] http://www.blumenreisen.de/quebec, http://www.glueckreisen.de/tip/quebec_labelleprovince/quebec.htm, http://grandweise.com/kategorie/verschiedenes/geografie-von-quebec.php

teilnehmen und die anglophonen Unternehmer nutzten dies zur Ausgrenzung der frankophonen Bevölkerung. Dieser Umstand brachte Unterlegenheitsgefühl seitens der frankophonen Bevölkerung mit sich, viele verfielen in eine Identitätskrise. Das Ungleichgewicht zwischen Frankophonen und Anglophonen im Wirtschaftssektor bestand weiterhin. Noch im Jahre 1965 besetzte die Anglophone Bevölkerung 80% der Führungspositionen.9 Die Révolution Tranquille (Stille Revolution) in den 1960er Jahren trug dazu bei, den Machteinfluss der katholischen Kirche auf das Bildungssystem und der anglophonen Bevölkerung auf den Wirtschaftssektor zu verringern. Der Einfluss der katholischen Kirche war bis zur Zeit der Révolution Tranquille bedeutend und behinderte die frankophone Wirtschaft.10 Obwohl der Einfluss der Katholischen Kirche bis heute stark zurückging, gibt es noch genügend, inzwischen eher politisch motivierte, Streitpunkte.

## Bedeutung und Darstellung der kanadischen Identität anhand der Kurzgeschichte „North"

Die halbautobiografische und halbfiktionale Kurzgeschichte "North" von Clark Blaise, 2003 in der Kurzgeschichtensammlung „Montreal Stories" veröffentlicht, handelt von Zugehörigkeit, Identität und Kultur. In dieser Geschichte kommen die Konflikte/Spannungen zwischen Anglokanadiern und Frankokanadiern deutlich zur Geltung.

Der dreizehn Jährige Ich-Erzähler Phil ist gerade mit seinen Eltern aus Pittsburgh, USA nach Montreal, Kanada gezogen. *„I was thirteen,.."11. „We'd left Pittsburgh in the middle of the night."12 „And my father caught the first elevator to Canada,.."13.* Er verarbeitet in dieser Geschichte seine Identitätskrise, er weiß weder wer er ist, was er ist, oder wo er hingehört. Er kommt zusammen mit seinen Eltern bei der Familie seines Onkels Théophile unter. Phil hat immer geglaubt Phil Porter zu heißen und in Cincinnati geboren zu sein, im Laufe der Geschichte findet er jedoch heraus, dass er in Montreal geboren ist und eigentlich Carrier heißt. *"You weren`t born in Cincinnati...You were born in Montreal."14.* In Phils Herkunft kann der Leser die Spannung zwischen zwei Kulturen spüren: Sein Vater ist Québécois und

---

9 http://www.bonjour-frankreich.com/forum/nachricht-2432.html, „Geschichte, Erscheinungsform, Status und Probleme des Französischen in Quebec"

10 http://de.wikipedia.org/wiki/Stille_Revolution, http://en.wikipedia.org/wiki/Quiet_Revolution,
http://www.thecanadianencyclopedia.ca/en/article/quiet-revolution/,
http://www.canadahistory.com/sections/eras/cold%20war/Quiet%20Revolution.html

11 „North" (S.15, Z. 3-4)

12 „North" (S.16, Z. 33)

13 „North" (S.16, Z. 40-41)

14 „North" (S.16, Z. 45-47)

seine Mutter kommt von der Westküste. Sie repräsentiert die englische Sprache und sein Vater die französische. Diese Dualität stellt sich als Problem heraus, als es um die Schulische Ausbildung von Phil geht.

Im ersten Streit der Eltern geht es darum auf welche Schule er kommen soll. Gegen den Willen seiner Mutter kommt er auf eine französische schule, wo er sich anfangs nicht wohlfühlt. *„For the first time in my life I felt that school was a punishment.“*15 Er fühlte sich wie ein Gefangener, denn die Nonnen züchtigten ihn, um an seinen Cousin Dollard ranzukommen. Laut der Nonnen hatte Dollard nur Unfug im Kopf. *"Hôtage"*16 sagen sie zu Phil, was für ihn bedeutet der Prügelknabe seines Cousins zu sein.

Im ganzen Verlauf der Geschichte bestehen Spannungen, die unter anderem durch die Anwendung der französischen und englischen Sprache ausgedrückt werden. Seine Mutter *„could not utter a syllable of French without a painful contortion of head, neck, eyes and lips“17*, was darauf hindeutet, dass sie kein Verehrer der französischen Sprache ist, sie stellt diese ihrem Sohn gegenüber sogar immer wieder schlecht dar. Umgekehrt bildet die Familie des Onkels das andere Extrem ab, *„No one living under [Théheophile`s] roof would even study english..“*18. Eines Tages wird ihm seine Tutorin Thérèse Aulérie zugeordnet. Thérèse Aulérie war absolut anders als die Amerikanischen Mädchen die er kannte. *„Therese Aulerie was a slight improvement. She had the palest skin and the greenest eyes had ever seen“19*. Durch Therese bekommt er Lust auf die Schule und das lernen, er verbessert sich schnell. Außerdem kommt er langsam besser mit seiner kanadischen Identität zurecht. Er ist nicht mehr so hin und her gerissen nachdem Thérèse ihm offenbart, dass sie eigentlich 'O'Leary heißt, und somit auch zwei Identitäten hat, mit denen sie gut zurechtkommt.

Das Gefühl der Zugehörigkeit ist sehr wichtig und spielt in dieser Geschichte eine große Rolle. Besonders für Schulkinder und Jugendliche ist das Gefühl dazuzugehören wichtig. Entweder bist du Teil der französisch sprechenden Gemeinschaft, oder der Englisch sprechenden. Wobei auch der Nachname eine große Rolle spielt, da er viel über einen verrät. *„It didn't seem strange to [Thérèse] that people changed names when they crossed the border.“*20 Ihrer Meinung nach ist Carrier, *„un bon nom canadien.“*21 Es scheint als wäre Blaise an einigen Stellen ein wenig ironisch. Als würde er zeigen wollen, dass ein Name nur ein Name ist und keinen wesentlichen Bezug zu der Identität hat. Namen kann man ändern, wie Phils eigene

---

15 „North" (S. 18, Z. 109)
16 „North" (S. 18, Z.121)
17 „North" (S.17, Z.70-71)
18 „North" (S.17, Z. 91-92)
19 „North" (S. 20, Z. 208-209)
20 „North" (S.22, Z. 225)
21 „North" (S. 22, Z. 257)

Erfahrungen zeigen. Die Ironie sieht man am besten in dem Teil, der Phils Tutorin Thérèse Aulérie sagt: *„Mon vrai nom. Commences avec 'o', like this, eh? ... C'est le vrai français, mon nom, de la France, pas d'ici. .. 'O'Leary,' she corrected. 'Ca c'est le nom de mon grand père.“*22

Mit 13 ist Phil zwischen der Integration in eine neue Kultur und der Kultur, die seine Mutter darstellt, hin und hergerissen. Die Mutter fühlt sich wie eine fremde in der Québécois Familie des Onkels und beeinflusst ihn stark indem sie schlecht über die Frankokanadier redet, *„I dont want you growing up like them.“*23 Phil fällt es immer schwerer nach den Stunden mit seiner Mutter in englischen Kaffees zurück zu seinem Onkel zu gehen. *„In a few weeks I would reach a linguistic equilibrium, and I probably could have been happy enough – given endless lemon curd or access to Therese O'Leary – existig like a child in either world.“* Damit sagt er, dass er sich mit den Gegebenheiten gut arrangieren kann. Allerdings wird er gezwungen moralische Entscheidungen zu treffen, die eigentlich die Gegensätze seiner Familie widerspiegeln. Die Mutter stellt ihm heimlich ihrer alten Bekannten Ella vor, einer Professorin an der McGill Universität. Über Ella möchte sie Phil in das englische Schulsystem drängen. Als die beiden jedoch anfangen das frankophone Schulsystem schlecht zu machen, fühlt er sich nicht mehr wohl, er geht inzwischen gerne dort zur Schule. *„Im going back to school“*24, sagt er und geht. Er macht sich damit von den einseitigen Ansichten seiner Mutter frei und weiß jetzt, dass er seinen eigenen Weg gehen muss.


## Bedeutung und Darstellung der kanadischen Identität anhand des Gedichtes „Interdire la langue française au Québec"

Félix Leclerc illustriert in dem 1987 veröffentlichten Gedicht „Interdire la langue française au Québec" seine Leidenschaft für die französische Sprache.

Das Gedicht beginnt mit einer Episode aus seiner Kindheit, die er mit der Lage der Französischen Sprache vergleicht. Er erzählt davon wie er und *„onze"*25 seiner freunde *„transformé la maison en gymnase"*26. Sie bauen Pyramiden aus Stühlen, toben bis ins Treppenhaus, streiten und zanken. Es geht sogar so weit, dass sie die Toleranzgrenze

---

22 „North" (S. 22, Z. 263-267)
23 „North" (S. 24, Z. 359-360)
24 „North" (S. 31, Z. 588)
25 Interdire la langue française au Québec (S.1, Z. 22)
26 Interdire la langue française au Québec (S.1, Z. 3)

überschreiten. Nachdem die Mutter sieht wie *„le ballon casser une vitre"*27 verliert sie ihre Nerven und sagt: *„Je m'en vais."*28 und geht. Die Kinder denken, sie würde durch die Hintertür wieder hereinkommen aber *„Elle n'est pas revenue."*29 Unruhe und Angst machen sich langsam breit, sie erleben die schrecklichste Nacht ihres Lebens, voller tränen, schreien, Panik, Albträumen und Gewissensbissen. Die *„onze loups que nous étions étaient devenus onze petit poussins,* 30 *"* welche alle krank waren als die Mutter am übernächsten Tag zurückkam. Bei Ihrem Anblick, verwandelte sich das Haus in eine *„chapelle de fleurs, de tendresse et d'amour."*31 Von diesem Moment an umsorgen, beschützen, lieben und beten die Kinder ihre Mutter an, bis zum Ende ihres Lebens. Félix Leclerc ist der Meinung, dass die französische Sprache aus Quebec verschwinden - und nicht wieder kommen sollte, so wie die Mutter es damals getan hatte. Erst dann könnte man die französische Sprache durchsetzen *„comme chez tous les peuples du monde ou la langue de la majorite est la seule officielle"*32. Er sagt außerdem, dass alles andere nur Verwirrung schaffen würde, so wie beim *„Tour de Babel"*33.

Die Mutter ist in diesem Gedicht eine Metapher für die französische Sprache. Das Gedicht sagt aus, dass die französische Sprache verschwinden sollte, da sie nicht mehr die Sprache der Mehrheit ist. Gleichzeitig soll die französische Sprache aber auch erhalten bleiben und es soll auf sie geachtet werden, da es die Sprache schon so lange gibt wie ihre Vorfahren. Sie soll verschwinden genau wie die Mutter. Am Anfang interessiert es die Kinder nicht wirklich, ob die Mutter verschwindet und am Ende, nachdem sie eine schreckliche Nacht ohne sie erlebt haben, verehren und schätzen sie sie. Erst dann merken die Kinder, was sie an ihr haben und wie sehr sie sie brauchen. Die französische Sprache soll nicht nur verschwinden, sondern auch verboten werden. Erst dann würde man merken wie wichtig sie eigentlich ist. Wie bei dem Sprichwort: *„Man weiß etwas erst zu schätzen, wenn man es verloren hat."*

## Frankophone und anglophone Aspekte der kanadischen Identität

Generell wird die Bevölkerung Quebecs als aufgeschlossen, offen und aufnahmewillig Immigranten gegenüber beschrieben, auch die Einwohner selbst sehen das so. Die

---

27 Interdire la langue française au Québec (S.1, Z.9)
28 Interdire la langue française au Québec (S.1, Z. 11)
29 Interdire la langue française au Québec (S. 1, Z. 14)
30 Interdire la langue française au Québec (S.1, Z. 22-23)
31 Interdire la langue française au Québec (S. 1, Z. 29-30)
32 Interdire la langue française au Québec (S.2, Z.59)
33 Interdire la langue française au Québec (S. 2, Z. 60)

Kurzgeschichte „North" allerdings wirft kein positives Bild auf die Zweisprachige Gesellschaft Quebecs bzw. Montreals. Laut der Kurzgeschichte, die in jener Zeit spielt in der die Katholische Kirche eine Machtrolle besetze, ist die einzige positive Veränderung Montreals das Wahlrecht der Frauen. „.. They don't accept women here, no English women, and no Protestant women. They'll never do that", sagt die anglophone Mutter zu ihrem Sohn. Außerdem scheint es keine Aussicht auf ein normales miteinander von Frankokanadiern und Anglokanadiern zu geben. Die Frankokanadier werden als „fist-like little souls, always ready to fight you or slink away like a beaten dog" beschrieben und andersrum sind die Frankokanadier den Ansichten und Meinungen der Anglokanadier gegenüber auch total verschlossen. Im Frankophonen Haushalt des Onkels kommt es nicht in Frage auf eine Englischsprachige Schule zu gehen. Es scheint so aussichtslos, dass Phil sich erst von allem frei machen muss, um nicht in dem hin unter her Gedränge unterzugehen.

Im Gedicht „Interdire la langue française au Québec" von Felix Leclerc wird die französische Sprache als ein wichtiger Aspekt der kanadischen Identität beschrieben. Die Mutter die verschwindet wird als Metapher für die französische Sprache eingesetzt. Ohne die französische Sprache würden die Frankokanadier „venions de sombre dans le grand trou noir du manque d'air." Die französische Sprache ist der wichtigste Teil der Frankophonen Identität, denn durch die Sprache wurde es möglich sich als eine Einheit zu fühlen. Zum einen steht die Sprache für die Quebecer in enger Verbindung mit ihrer Kultur und damit auch mit ihrer Identität. Diese Sprache zu verlieren wäre somit das schlimmste für sie. Die Québécois, zu denen auch Leclerc gehört, haben ein recht kompliziertes Verhältnis zu ihrer eigenen Identität. Sie sind hin- und hergerissen zwischen den Franzosen, die sie nicht anerkennen, und den Anglophonen, die zunehmend an Einfluss gewinnen.

Kanada ist ein Staat in dem fast die gesamte Bevölkerung früher oder später Mal Einwanderer war. Ein Staat der bis heute aus zwei (Anglo- und Frankokanadier ), und wenn man die Ureinwohner mit einbezieht drei, verschiedenen Kulturen und Traditionen besteht. Durch das gegeneinander der Anglo- und Frankokanadier entwickelte sich in der Bevölkerung der Provinz eine gespaltene Identität.

Aus eigenen Erfahrungen kann ich sagen, dass Montreal eine sehr multikulturelle Stadt mit vielen verschiedenen ethnischen Bevölkerungsgruppen ist. In der Schule und auch beim herumschlendern Downtown fallen einem weder Bevorzugung noch Konflikte zwischen Anglokanadier oder Frankokanadiern auf, ganz im Gegenteil. Allerdings ist es, um in Montreal zu leben, notwendig Französisch zu sprechen. Alle Schilder, auf der Straße und in der Metro, alle Zeitungen, die Nachrichten und Menüs sind auf Französisch. Alle Kellner,

Metrobediensteten, Ladenmitarbeiter und Busfahrer sprechen Französisch. Trotzdem hört man auch viel Englisch, viele Einwohner sprechen beide Sprachen, manchmal werden die Sprachen sogar gemixt. In meiner Familie wurden sogar drei Sprachen gleichzeitig gesprochen: Englisch, Französisch und Spanisch. Anfangs ist das etwas verwirrend, aber wenn man sich erstmal dran gewöhnt hat bringt es sogar Spaß. Die freundliche und offene Art der Menschen die dort leben ist mir auch direkt aufgefallen. Fast alle Leute, ob im Bus, in der Metro oder auf der Straße sind stets hilfsbereit und immer freundlich, und das gegenüber Allen. Aus meiner Sicht wirkt Montreal wie eine riesige Multikulturelle Stadt, in der alle Menschen harmonisch miteinander leben.

# Konklusion

Der Konflikt zwischen Anglo - und Frankokanadiern ist ein sehr umfassendes und feingliedriges Thema, zu dem es viele verschiedene Meinungen gibt. Die Analyse der beiden Texte hat das Bild allerdings noch verkompliziert. In der Kurzgeschichte findet ein totales bekriegen der beiden Bevölkerungsgruppen statt, ein normales miteinander leben scheint hier überhaupt nicht möglich zu sein. Der Frankophone Dichter Felix Leclerc, der die französische Sprache verehrt, schildert in seinem Gedicht was man tun müsste um die französische Sprache durchzusetzen.

Durch die lange historische Vorgeschichte der Provinz und das ständige gegeneinander der beiden Bevölkerungsgruppen sind viele Ängste entstanden, die beispielsweise von der Politik genutzt wird, um mehr Wähler zu gewinnen. Den Frankophonen wird vorgemacht, dass die Anglophonen böse seien und deren Kultur vernichten wollen und umgekehrt. Dabei könnte es doch ganz einfach sein: Man betrachtet die Kulturen und Zweisprachigkeit als Geschenk und freut sich über diese Multikulturalität. So wie wir Flensburger stolz auf unseren dänischen Einfluss sind.

# Literaturverzeichnis

Primärquellen:

„Noth" by Clark Blaise, Montreal Stories, 2003
„Interdire la langue française au Québec" - Félix Leclerc, Mai 1987


Sekundärquellen:

„Auf der Suche nach dem Ich: Über Identitätsprobleme und die Suche nach familiären Wurzeln" – Studienarbeit
„Frankophonie. Eine Geschichte der Sprache und Identität in Québec" – Studienarbeit
„Sprachentwicklung und Sprachpolitik in der kanadischen Provinz Quebec" – Studienarbeit
„Identität und Einstellungen im francophonen Kanada" – Forschungsarbeit
„Geschichte, Erscheinungsform, Status und Probleme des Französischenerg in Quebec" – Studienarbeit
„Souvenir. Geschichtsbilder und Identitätsreferenzen im Kontext von Sprache und Nationalkultur (Québec)" - Joerg Seifarth

Wikipedia:

http://de.wikipedia.org/wiki/Kanada
http://de.wikipedia.org/wiki/Neufrankreich
http://de.wikipedia.org/wiki/Margareta_Bourgeoys
http://de.wikipedia.org/wiki/Québec-Referendum_1995
http://de.wikipedia.org/wiki/Nationalversammlung_von_Québec
http://de.wikipedia.org/wiki/Stille_Revolution
http://en.wikipedia.org/wiki/Quiet_Revolution

Andere:

http://www.wienerzeitung.at/nachrichten/archiv/210646_Kanada-Kultivierte-Wildnis.html
http://www.wiwo.de/erfolg/campus-mba/oecd-bildungsstudie-die-laender-mit-der-hoechsten-akademikerquote/10702910.html?slp=false&p=9&a=false#image
http://www.investquebec.com/international/en/industries.html
http://www.uni-protokolle.de/Lexikon/Qu%E9bec_(Provinz).html
http://www.blumenreisen.de/quebec
http://www.glueckreisen.de/tip/quebec_labelleprovince/quebec.htm
http://grandweise.com/kategorie/verschiedenes/geografie-von-quebec.php
http://www.bonjour-frankreich.com/forum/nachricht-2432.html
http://www.thecanadianencyclopedia.ca/en/article/quiet-revolution /
http://www.canadahistory.com/sections/eras/cold%20war/Quiet%20Revolution.html
http://www.cafebabel.de/artikel/quebec-verfluchte-franzosen.html

# BEI GRIN MACHT SICH IHR WISSEN BEZAHLT

- Wir veröffentlichen Ihre Hausarbeit,
  Bachelor- und Masterarbeit

- Ihr eigenes eBook und Buch -
  weltweit in allen wichtigen Shops

- Verdienen Sie an jedem Verkauf

## Jetzt bei www.GRIN.com hochladen und kostenlos publizieren